AF313727

CATALOGUE

DES ŒUVRES

DE

CARRIER-BELLEUSE

MARBRES

ET

TERRES CUITES

DONT LA VENTE AURA LIEU

HOTEL DROUOT, SALLES N°s 8 ET 9

Le Lundi 20 Décembre 1875

A DEUX HEURES

<table>
<tr><td>COMMISSAIRE-PRISEUR
Me CHARLES OUDART
31, Rue Le Peletier</td><td>EXPERT
M. EMILE BARRE
20, Chaussée-d'Antin</td></tr>
</table>

EXPOSITIONS

<table>
<tr><td>PARTICULIÈRE
Le Samedi 18 Décembre 1875
DE 1 HEURE 1/2 A 5 HEURES 1/2</td><td>PUBLIQUE
Le Dimanche 19 Décembre 1875
DE 1 HEURE A 5 HEURES</td></tr>
</table>

MARBRES

DÉSIGNATION

GROUPES

1. — L'Amour désarmé.

Haut., 0^m,75.

2. — La Tempérance.

Haut., 0^m,80.

3. — Sommeil d'Amour.

Haut., 0^m,50.

4. — Le Réveil.

Haut., 1^m,00.

5. — La Chatte.

Haut., 0^m,85.

6. — Les Heures (corbeille).

Haut., 0^m,95.

7. — Hercule et Omphale.

Haut., 0^m,80.

8. — Mars et Vénus.

Haut., 0^m,80.

9. — Les Deux Amours.

Haut., 0^m,80.

10. — La Confidence.

Haut., 0^m,75.

11. — Enlèvement.

Haut., 0^m,85.

12. — Baiser d'amour.

Haut., 1^m,00.

13. — Baiser d'amour.

Haut., 0^m,60.

STATUETTES

---

14. — Ondine.

Haut., 1^m,00.

15. — Angélique.

Haut., 0^m,70.

16. — Érigone.

Haut., 0^m,80.

17. — Printemps couronné.

Haut., 0^m,80.

18. — Hygia.

Haut., 1^m,00.

19. — Psyché.

Haut., 0^m,65.

20. — Le Nid.

Haut., 0^m,60.

21. — La Liseuse.

Haut., 0^m,80.

22. — Enfants (support).

Haut., 0^m,50.

23. — Bonne Saison.

Haut., 0^m,65.

24. — La Dédaigneuse.

Haut., 1^m,00.

BUSTES

---

25. — Rose de mai.

Haut., 0^m,60.

26. — Marguerite des prés.

Haut., 0^m,60.

27. — Soucieuse.

Haut., 0^m,80.

28. — Éveillée.

Haut., 0^m,80.

29. — Boudeur.

Haut., 0^m,40.

30. — Rieuse.

Haut., 0^m,40.

*

31. — Fleur de printemps.

Haut., 0^m,60.

32. — Fleur d'été.

Haut., 0^m,60.

33. — Fleur d'automne.

Haut., 0^m,60.

34. — Fleur d'hiver.

Haut., 0^m,60.

35. — Narcisse.

Haut., 0^m,50.

36. — Souvenirs.

Haut., 0^m,50.

37. — Regrets.

Haut., 0^m,50.

38. — Printemps.

Haut., 0^m,60.

39. — Automne.

Haut., 0^m,60.

40. — Rembrandt.

Haut., 0^m,70.

41. — Alb. Durer.

Haut., 0^m,70.

Nota. — Toutes ces œuvres sont en marbre choisi de *Crestola*.

TERRES CUITES

GROUPES

---

42. — Les Heures (pendule).

43. — Les Deux Amours.

44. — Offrande à Bacchus.

45. — La Confidence.

46. — Innocence persécutée, grande.

47. — Innocence persécutée, petite.

48. — L'Amour désarmé.

49. — La Tempérance.

50. — L'Enlèvement.

51. — Bacchante au terme.

52. — Danseurs italiens.

53. — Triton et Bacchante.

54. — La Colombe.

55. — La Nuit.

56. — Jeune Mère italienne.

57. — Pasteur italien.

BUSTES ORIGINAUX

---

58. — Florentine.

59. — Fleur de lys.

60. — Éva.

61. — Moskoviah.

62. — Jeune Fille Rubens.

63. — Flamande.

64. — Cruche cassée.

65. — Bourbonnaise.

66. — Javotte.

67. — Le Raisin.

68. — Bacchante.

69. — Drame.

70. — Rosa Blanca.

71. — Pérugina.

72. — Colette.

73. — Cécile.

74. — Petite Comtesse.

75. — Fantasia.

76. — Fleur des prés.

77. — Panachée.

78. — Arabella.

79. — Clélie.

80. — Fiorellina.

81. — Feuilles d'automne.

82. — Vénitienne.

83. — Pasquina.

84. — Watteau.

85. — Fiancée.

86. — Myrrha.

87. — Étruria.

88. — Rose des haies.

STATUETTES

---

89. — Bonne Saison.

90 et 90 *bis*. — Deux Enfants (supports).

91. — Le Nid.

92. — L'Amazone.

93. — L'Angélique.

94. — La Toilette.

95. — Érigone.

96. — Jeune Fille à la couronne.

97. — Psyché.

98. — Liseuse.

99. — Hygia.

100. — La Prière.

101. — Chaîne de fleurs.

102. — Ondine.

BUSTES DIVERS

103. — Beethoven.

104. — Mozart.

105. — Boudeur.

106. — Rieuse.

107. — Fleur de printemps.

108. — Fleur d'été.

109. — Fleur d'automne.

110. — Fleur d'hiver.

111. — Souvenirs.

112. — Regrets.

113. — Soubrette.

114. — Lamballe.

115. — Le Lys.

PARIS. — J. CLAYE, IMPRIMEUR, 7, RUE SAINT-BENOIT. — [2233]